De o van oma

Annemarie Bon
Tekeningen van Ann de Bode

Zwijsen

Lettergek

Het begon in groep 2.
Toen leerde oma Eef de letters.
De rrr, die rolt.
En de sss, die sist.
Ze leerde de oo en de aa.
En ook de o en de a.
Stap voor stap leerde Eef lezen.
Al voor ze in groep 3 zat.
En sinds die tijd is Eef lettergek.
Ze maakt ze van klei.
Ze bakt ze van deeg.
Met verf zet ze ze op papier.
Ze geeft de l stippen.
De w krijgt blokjes.
De b geeft ze streepjes.
De k krijgt vlekjes als een koe.
Heel blij is ze met haar tangetjes.
Daar knip je letters mee uit.
Ze heeft er twee.
De e en f.
Voor elke letter van haar naam.
Eef spaart alles.
Zo lang het maar om letters gaat.
Van stempels tot blokken.

Het liefst spaart Eef alfabetten.
Dat zijn alle letters bij elkaar.

Ze heeft een ABC van snoep.
Dat bewaart ze in een doosje.
De plaatjes van dieren heeft ze dubbel.
Van de aap, de beer, de chimp tot aan de zaagvis.
Soms speelt Eef daar een spel mee.
Haar ABC van bloemen vindt ze het mooist.
Het gaat van aster en braam tot aan zuring.
Ze heeft ze zelf gedroogd in dikke boeken.
Daarna heeft ze ze in een schrift geplakt.

'Kijk oma,' zegt Eef trots.
'Alleen de k had ik nog niet.
Maar nu heb ik de klaproos.'
Ze laat haar schrift aan oma zien.
'Dat doet me aan vroeger denken,' zegt oma.
Wij maakten dat voor school.
Er moest wel een blad bij.
Daaraan zag je welke plant het was.
Soms lijken bloemen op elkaar.
Maar hun blad is steeds anders.
Kijk maar eens goed.
Ook groeit elk blad anders aan de stengel.'
'Hoe lang geleden zat je op school, oma?'
Oma denkt heel lang na.
'Zeventig jaar geleden was ik zes.
Toen ging ik naar de eerste klas.
Dat is nu groep 3.'
'Kon jij ook al lezen?' vraagt Eef.

'Nee,' lacht oma.
'Mijn oma had daar geen tijd voor.
En ik was niet zo slim als jij!'

Oud en nieuw

'Mama!' roept Eef.
'Ik spaar recepten.
Heb jij er wat voor mij?'
Mama lacht.
'Ik heb een plank vol kookboeken.
Meer dan genoeg dus!'
'Ik spaar ze alleen met de o,' zegt Eef.
'Je maakt het wel moeilijk,' zegt mama.
'Maar goed, ik help je.
Wil je er een van omelet?
Of van iets uit de oven?
En hier heb ik oliebollen.'
'Oma's oliebollen?' vraagt Eef.
Mama knikt.
'O, mag ik die?
En gaan we ze dan maken?'
'Nee, Eef.
Het is toch geen oud en nieuw!'
'Dat geeft niks,' zegt Eef.
'Ik lust ze nu ook.
Wat heb je er voor nodig?'
Mama pakt het recept.
Ze leest het voor.
'Pak 500 gram bloem.
Meng er zout en gist door.
Pak een halve liter melk.
Doe er een ei bij.

Klop het goed los.
Maak een kuiltje in de bloem.
Giet hier de melk in.
Roer er een mooi beslag van.
Klop dat flink door.
Neem 100 gram krenten.
Neem ook 100 gram rozijnen.
Roer ze door het beslag.
Snijd dan nog een appel fijn.
Roer die er ook door.
Het beslag moet een uur rijzen.'
Eef duikt de kelder in.
'We hebben alles!' roept ze.
'Ah toe ...
Zullen we ze gaan bakken?'
'Goed,' zegt mama.
'Waarom ook niet?
Eigenlijk is het altijd oud en nieuw.
Elke dag gaat de zon onder.
De dag erna komt hij weer op.
Elke dag komt aan zijn eind.
En elke dag begint opnieuw.'
'Begint alles opnieuw na zijn eind?' vraagt Eef.
'De bloemen in mijn schrift zijn dood.'
'Ja,' zegt mama.
'Dié wel.
Maar bloemen zorgen voor zaad.
Dat zaad waait weg.
Het valt in de grond.

Het jaar erna komen er bloemen uit.
Uit één bloem komen heel veel nieuwe.'
'Dan bakken we elke dag oliebollen,' lacht Eef.
'Elke dag?' roept mama.
'Nee, toch zeker!'
Eef knikt hard van ja.
'Ik pak de spullen wel,' zegt Eef.
'Help je mee?'

Eef wacht een uur.
Nu rijst het beslag de kom uit.
Mama giet olie in de pan.
Ze zet het vuur aan.
'Pas op,' zegt mama.
'Dit is gloeiend heet.'
Mama maakt een bol van beslag.
Hij glijdt het hete vet in.
Snel maakt mama er nog vijf.
Na een paar tellen keert ze ze om.
Daarna vist ze ze uit de pan.
'Mag ik er al eentje?' vraagt Eef,
'Wacht maar even,' zegt mama.
'Ze zijn nu nog te heet.
Dan verbrand je je tong.'
Mama bakt een hele berg.
Wat ruikt het lekker!
Ze bakt tot het beslag op is.
Eef dekt de tafel.
Voor elk pakt ze een bord en een servet.

Ook zet ze een bus suiker neer.
'Gelukkig nieuwjaar,' zegt mama.
'Elke dag, hè?' lacht Eef.
'Jij je zin.
Elke dag!'

Alles met de o

'Mam,' zegt Eef.
'Ik ken een mop met een olifant.
Die liep met een muis door de woestijn.
De muis liep in de schaduw.
Hij zag de olifant zweten.
Hij zei:
'Heb je het zo warm?
Ik neem jouw plaats wel.'
Mama lacht.
'Ik ken er nog een,' zegt Eef.
'Vertel,' zegt mama.
'Een olifant stapt in de bus.
Hij koopt een kaartje.
De chauffeur kijkt gek op.
'Ik had nog nooit een olifant in de bus!'
De olifant lacht.
'Kijk nog maar eens goed dan.
Want dit is ook de laatste keer.
Morgen is mijn fiets weer gemaakt."
Mama lacht weer.
'Ken jij nog een mop?' vraagt Eef.
'Het moet met een olifant zijn?'
Mama denkt even na.
'Ja,' zegt ze dan.
'Waarom is een olifant niet vierkant en
doorzichtig?'
Eef weet het niet.

'Omdat het dan geen olifant was.
Dan was het een ijsklontje,' lacht mama.
'Weet je er nog een?'
'Ja,' zegt mama.
'Komt-ie.
Hoe laat is het als een olifant op ons hek gaat
zitten?'
'Euh.
Té laat?'
'Slimpie,' lacht mama.
'Heel goed.
Het goede antwoord is dit.
Tijd om een nieuw hek te kopen.
Maar deze vind ik nog leuker.'
Eef kijkt mama aan.
'Ken je er nog meer met olifant?'
'Nee,' zegt mama.
'Wel met een slak.
En met een koe.
En met een erwt.
Mag dat ook?'
Eef schuldt haar hoofd.
'Ik spaar alleen moppen met de o.
Die schrijf ik in een schrift.
'Waarom spaar je moppen met de o?' vraagt mama.
'Ik spaar niet alleen moppen met de o,' zegt Eef.
'Ik spaar álles met de o.'
'Nou, nou,' zegt mama.
'Alles is erg veel!

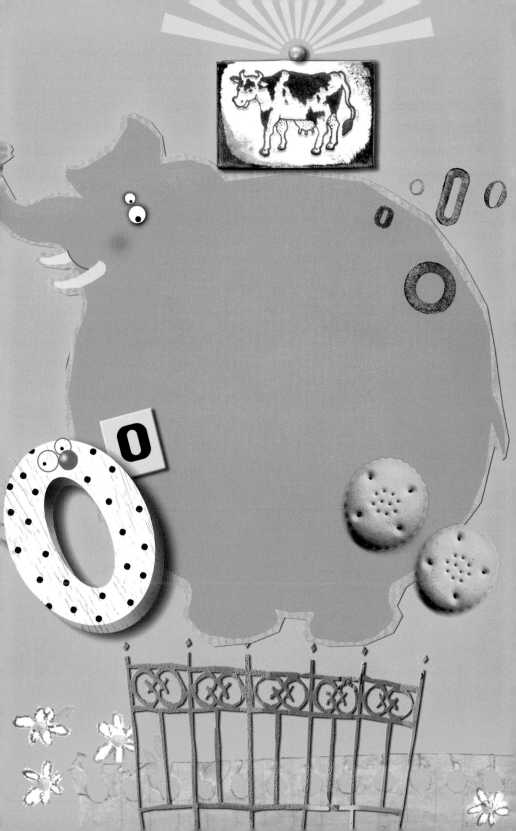

Is één ding met de o niet genoeg?'
Eva schudt nee.
'Ik spaar ik alles met de o.
Want dat is oma's letter.'
Eef is even stil.
Ze denkt na.
'Ik kan ook echte oma-dingen sparen.
Dat is een goed plan.
Help je me mee?
Heb jij nog foto's van oma?
Ik denk dat ik oma-doosjes maak.'
'Dat is nog eens mooi,' zegt mama.
'Ik help je wel mee.
Morgen gaan we naar oma toe.
Je weet dat ze ziek is.
Zij vindt dat vast ook fijn.'

Oma in doosjes

Oma woont in een tehuis.
Ze wordt daar goed verzorgd.
Eef en mama gaan eerst met de lift.
Dan lopen ze door de gang.
Oma woont in kamer 12.
Oma zit wat te suffen in haar stoel.
Eef en mama lopen naar haar toe.
Eef geeft haar een kus.
'Hoi omie,' zegt Eef.
'Hoe is het nou?'
Oma kijkt Eef aan.
Ze krijgt een lach op haar gezicht.
'Ha, lieverd.
Kom eens hier.
Dan krijg je nog een kus.'
'Hoe voel je je?' vraagt mama.
'Och, het gaat goed hoor,' zegt oma.
'De ene dag beter dan de andere.
Maar elke nieuwe dag is fijn.
Vooral als ik Eef zie!'
'Heb je dorst?' vraagt mama aan oma.
'Ja, ik wil wel thee.'

Mama moet oma helpen met drinken.
Ze heeft een beker met een tuutje.
'Gek hè?' lacht oma.
'Ben ik zo oud.
Kan ik niet eens zelf drinken.
In elk geval niet zonder te knoeien.'
'Poeh,' zegt Eef.
'Maar eerst kon je dat wel.
Alleen tril je nu te veel.
Dat geeft toch niks?'
Oma knikt.
'Hoe gaat het op school?'
Eef vertelt hoe goed ze kan lezen.
'Dat komt door jou, oma.
Jij hebt het me geleerd.
Door jou ben ik lettergek.'
'Spaar je ze nog steeds?' vraagt oma.
Eef knikt.
'Ja, maar ik spaar ook iets anders.
Ik spaar alles van jou.
Alles van oma.
Ik maak oma-doosjes.'
'Oma-doosjes?'
Oma kijkt Eef gek aan.
'En wat gaat daar dan in?
Als ik er zelf maar niet in hoef!'
'Nee, oma!' zegt Eef.
'Ik spaar kleine dingen van jou.
Jij past er niet eens in.'

'Dan is het goed,' zucht oma.
'Ik wil nog niet in een doosje.'
Eef schraapt haar keel.
'Wil je me helpen, oma?
Mama heeft wel foto's voor me.

Heb jij niks voor mijn oma-museum?'
'Een oma-museum?' roept oma uit.
'Een museum gaat over dode mensen.'
'Dat is niet waar!' moppert Eef.
'Een museum gaat over beroemde mensen.
Van helden maken ze een wassen beeld.
Ook van prinsen en prinsessen.
En die zijn heus niet dood.
Dus je moet niet zo raar doen.'
'Dat was maar een grapje,' zegt oma.
'Ik vind het een leuk plan.
Kijk eens in die la daar.
Daar vind je wel wat.
En ook in dat kastje!'
Eef en oma zoeken wel een uur lang.
Mama doet in die tijd wat klusjes.
De mooiste schatten vinden oma en Eef.
'Jij hield ook wel van sparen, hè?' zegt Eef.
Na het uur zoeken is oma moe.
Ze wordt weer suf.
Af en toe valt ze in slaap.
'Het is mooi geweest' zegt mama.
'We komen snel weer terug.'
'Dag lieve omie,' zegt Eef.
'Dag lieve meid.
Dat ik in een museum kom …
Ik vind het geweldig!'

Schatkistjes

'Kijk oma,' zegt Eef.
'Ik heb mijn museum bij me.'
Eef graait in haar tas.
Een voor een pakt ze de doosjes.
Er zitten ook echte schatkistjes bij.
Eef opent er een.
'Hier zit draad en naald in.
Omdat je zo van borduren houdt.'
'Hield,' zegt oma.
'Ik kan dat niet meer zien.
Ook tril ik te veel.'
Eef opent er nog een.
Er ligt een ring in.
'Dit is een echte schatkist,' zegt oma blij.
'Wat mooi!
Ik kreeg die ring van opa.
Ik werd toen dertig jaar.
Je mama was pas drie.
Wat is dat lang geleden!
Kon opa dit maar zien.'
Nu pakt Eef een groter doosje.
Ze heeft het geverfd.
Daarna heeft ze er glitters opgeplakt.
Er zitten foto's in.
Ze laat oma er een zien.
'Och, meisje!'
Oma is ontroerd.

'Hier leeft mijn zus Iet nog.
We zijn aan zee, zie je?
Dat was nog eens fijn.
We gingen niet elk jaar op vakantie.
En zeker niet twee keer per jaar.'
Eef pakt nog een foto.
Er staat een hele groep op.
'Wie zijn dit oma?' vraagt Eef.
Oma wijst ze aan.
'Dit zijn mijn vader en moeder.
Dat is Ger.
En die lange daar is Piet.'
Oma weet goed wie wie is.
Eef vindt dat wel mal.
Want oma vergeet haar naam wel vaak.
Dan zegt ze 'zus' of Iet.

Stuk voor stuk laat Eef de doosjes zien.
In een zit een heel oude postzegel.
In een ander zitten schelpen.
Die zijn nog van vroeger.
Er is een doos met oude kaarten.
En een met oma's geboortekaartje.
Alles is er.
Het is af.
Een rapport, een pluk haar en een oude munt.
Een flesje parfum, een zakdoek en oma's
handtekening.
'Maar, maar ...' zegt oma.

Dan is het weer tijd om te gaan.
Oma houdt Eef tegen.
'Wacht!
Ik heb ook nog iets voor jou!'
Oma pakt haar tas.
Ze haalt er een doosje uit.
'Hier meisje, voor jou.
Ik vond het zo leuk van jou.
Daarom is dit doosje voor jou.
Beloof me alleen één ding.
Maak het nog niet open.
Doe het als je triest bent.
Of als je bang bent dat je me vergeet.'

De o van Eef

Drie weken later ging oma dood.
Ze was gaan slapen.
De dag erna werd ze niet meer wakker.
Eef had tekeningen voor oma gemaakt.
Die zijn met haar meegegaan in het graf.
Eef mist oma heel erg.
Maar ergens gelooft ze het nog steeds niet.
Steeds wil ze weer naar oma toe gaan.
Of ze wil haar bellen.
Dan pas weet ze het weer.
Oma is er niet meer.

Vandaag voelt Eef zich heel triest.
Ze heeft al haar oma-doosjes bekeken.
Het hielp niet echt.
Is het nu tijd voor het doosje van oma?
Ja, denkt Eef.
Oma vindt het vast goed.
Het doosje staat op haar plank.
'Eef' staat er in sier-letters op.
Langzaam opent ze het.
Wat zou het zijn?
Het is een foto.
Zij staat er zelf op, met oma!
De foto zit in een mooi lijstje.
Het is versierd met steentjes.
Zou dat diamant zijn?

Eef pakt een brief uit het doosje.
Er staan bibber-letters op.

Lieve, lieve Eef,

Ik ben zó blij dat je een oma-museum hebt!
Maar één ding zit er niet in.
Dat is iets wat heel erg bij mij hoort.
Weet je het niet?
Dan zal ik het je zeggen.
Jij!
Jij bent mijn lieve kleinkind.
Jij bent een stukje van mij.
Jij hoort ook in het oma-museum.
Daarom heb ik dit doosje voor je gemaakt.
Vind je de foto niet mooi?

Wees vrolijk en blij.
Wees dapper en flink.
Wees lief.
Maar doe wat jij zelf goed vindt.
Als het goed met jou gaat,
dan gaat het goed met mij.
Ik blijf altijd bij je.
Want jij bent een stukje van mij.

Kusjes van je oma

Zonnetjes bij kern 10 van Veilig leren lezen

1. Dief in de supermarkt
Martine Letterie en Rick de Haas

2. Waar is Dodi?
Anneke Scholtens en Greet Bosschaert

3. De o van oma
Annemarie Bon en Ann de Bode

NEDERLANDSE
KINDERJURY
2007

ISBN 90.276.0167.4
NUR 287
1e druk 2006

© 2006 Tekst: Annemarie Bon
© 2006 Illustraties: Ann de Bode
Vormgeving: Rob Galema
© Uitgeverij Zwijsen B.V., Tilburg

Voor België:
Zwijsen-Infoboek, Meerhout
D/2006/1919/219